国家出版基金项目
NATIONAL PUBLICATION FOUNDATION

记住乡愁
——留给孩子们的中国民俗文化

刘魁立◎主编

第七辑 民间礼俗辑

发式

董德英◎著

本辑主编
萧 放

黑龙江少年儿童出版社

编委会

序

亲爱的小读者们，身为中国人，你们了解中华民族的民俗文化吗？如果有所了解的话，你们又了解多少呢？

或许，你们认为熟知那些过去的事情是大人们的事，我们小孩儿不容易弄懂，也没必要弄懂那些事情。

其实，传统民俗文化的内涵极为丰富，它既不神秘也不深奥，与每个人的关系十分密切，它随时随地围绕在我们身边，贯穿于整个人生的每一天。

中华民族有很多传统节日，每逢节日都有一些传统民俗文化活动，比如端午节吃粽子，听大人们讲屈原为国为民愤投汨罗江的故事；八月中秋望着圆圆的明月，遐想嫦娥奔月、吴刚伐桂的传说，等等。

我国是一个统一的多民族国家，有56个民族，每个民族都有丰富多彩的文化和风俗习惯，这些不同民族的民俗文化共同构筑了中国民俗文化。或许你们听说过藏族长篇史诗《格萨尔王传》

中格萨尔王的英雄气概、蒙古族智慧的化身——巴拉根仓的机智与诙谐、维吾尔族世界闻名的智者——阿凡提的睿智与幽默、壮族歌仙刘三姐的聪慧机敏与歌如泉涌……如果这些你们都有所了解，那就说明你们已经走进了中华民族传统民俗文化的王国。

你们也许看过京剧、木偶戏、皮影戏，看过踩高跷、耍龙灯，欣赏过威风锣鼓，这些都是我们中华民族为世界贡献的艺术珍品。你们或许也欣赏过中国古琴演奏，那是中华文化中的瑰宝。1977年9月5日美国发射的"旅行者1号"探测器上所载的向外太空传达人类声音的金光盘上面，就录制了我国古琴大师管平湖演奏的中国古琴名曲——《流水》。

北京天安门东西两侧设有太庙和社稷坛，那是旧时皇帝举行仪式祭祀祖先和祭祀谷神及土地的地方。另外，在北京城的南北东西四个方位建有天坛、地坛、日坛和月坛，这些地方曾经是皇帝率领百官祭拜天、地、日、月的神圣场所。这些仪式活动说明，我们中国人自古就认为自己是自然的组成部分，因而崇信自然、融入自然，与自然和谐相处。

如今民间仍保存的奉祀关公和妈祖的习俗，则体现了中国人崇尚仁义礼智信、进行自我道德教育的意愿，表达了祈望平安顺达和扶危救困的诉求。

小读者们，你们养过蚕宝宝吗？原产于中国的蚕，真称得上伟大的小生物。蚕宝宝的一生从芝麻粒儿大小的蚕卵算起，中间经历蚁蚕、蚕宝宝、结茧吐丝等过程，到破茧成蛾结束，总共四十余天，却能为我们贡献约一千米长的蚕丝。我国历史悠久的养蚕、丝绸织绣技术自西汉"丝绸之路"诞生那天起就成为东方文明的传播者和象征，为促进人类文明的发展做出了不可磨灭的贡献！

小读者们，你们到过烧造瓷器的窑口，见过工匠师傅们拉坯、上釉、烧窑吗？中国是瓷器的故乡，我们的陶瓷技艺同样为人类文明的发展做出了巨大贡献！中国的英文国名"China"，就是由英文"china"（瓷器）一词转义而来的。

中国的历法、二十四节气、珠算、中医知识体系，都是中华民族传统文化宝库中的珍品。

让我们深感骄傲的中国传统民俗文化博大精深、丰富多彩，课本中的内容是难以囊括的。每向这个领域多迈进一步，你们对历史的认知、对人生的感悟、对生活的热爱与奋斗就会更进一分。

作为中国人，无论你身在何处，那与生俱来的充满民族文化DNA 的血液将伴随你的一生，乡音难改，乡情难忘，乡愁恒久。这是你的根，这是你的魂，这种民族文化的传统体现在你身上，是你身份的标识，也是我们作为中国人彼此认同的依据，它作为一种凝聚的力量，把我们整个中华民族大家庭紧紧地联系在一起。

《记住乡愁——留给孩子们的中国民俗文化》丛书，为小读者们全面介绍了传统民俗文化的丰富内容：包括民间史诗传说故事、传统民间节日、民间信仰、礼仪习俗、民间游戏、中国古代建筑技艺、民间手工艺……

各辑的主编、各册的作者，都是相关领域的专家。他们以适合儿童的文笔，选配大量图片，简约精当地介绍每一个专题，希望小读者们读来兴趣盎然、收获颇丰。

在你们阅读的过程中，也许你们的长辈会向你们说起他们曾经的往事，讲讲他们的"乡愁"。那时，你们也许会觉得生活充满了意趣。希望这套丛书能使你们更加珍爱中国的传统民俗文化，让你们为生为中国人而自豪，长大后为中华民族的伟大复兴做出自己的贡献！

亲爱的小读者们，祝你们健康快乐！

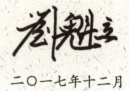

二〇一七年十二月

目 录

女性发式的历史 ……………… 1

男性发式的历史 ……………… 23

梳妆盒子与头饰 ……………… 41

头发的清洁和护理 …………… 49

职业梳发人员 ………………… 55

「结发」夫妻 ………………… 61

发与诗 ………………………… 67

女性发式的历史

| 女性发式的历史 |

自古以来，汉族男女都是蓄发。古代著名儒家经典著作《孝经·开宗明义章》载："身体发肤，受之父母，不敢毁伤，孝之始也。"这句话的意思是：人的身体、头发、皮肤，都是出生时从父母那得到的，所以不敢轻易地毁伤，这是为孝的初始。因此，汉族男性以冠巾（帽子和丝巾）束发，女的则梳成发髻。不同时代的女子发式，体现了各个历史时期的审美情趣和时代生活风尚。

一、原始社会的女性发式

现在我们大多依据古代历史文献和出土文物及人类化石来推断原始人的发式。

1. 结髻（以物贯发）

《事物纪原》引《二仪实录》载："燧人始为髻，女娲之女以荆杖及竹为笄以贯发，至尧以铜为之，且横贯焉。舜杂以象牙、玳瑁，此钗之始也。"即距今约18000年前的山顶洞人时期（即燧人），已经会梳发髻了。梳成发髻后，女娲之女用荆杖或竹子为笄来贯发，尧帝时以铜为笄来贯发，舜帝时用象牙、玳瑁来贯发，这些就是最早的发钗原形。

2. 披发

披发即头发不扎起来披

散于肩，据《后汉书·西羌传》载：相传在秦厉公时，羌族首领无戈爱剑与一位被割掉了鼻子的姑娘相爱，并结为夫妇，该女子认为自己的面貌很难看，就披散着头发盖住脸，于是羌族人便争相效仿。但甘肃秦安大地湾出土的人头形器口彩陶瓶上的人像，其头发长度大约只及颈部，也许是因披发不方便，将头发编结成辫或用绳带束发于脑后。

3. 辫发

夏商周时期，多见辫发，甚至许多少数民族地区也以辫发为主。《史记·西南夷列传》中记载这些夷人都把头发结成辫子，随着放牧的牲畜而迁徙。《西域闻见录》卷七也记载："凡回女皆垂发辫数十，嫁后一月则梳发后垂，以红丝为络，宽六七寸，长三四尺，其双岐拖地处，仍络红丝数寸成穗，富者上缀细珠宝石珊瑚等物。"这是讲回族妇女出嫁前要梳数十根发辫，出嫁后一个月，则把发辫后垂，用红丝绑发，有钱的人家还在头上用细珠宝石、珊瑚等物点缀。《晋书·吐谷浑传》中记载：当时鲜卑妇女"以金花为首饰，辫发萦后，缀以珠贝"。

辫发是披发的进步和发展，也是生活实践的要求。现存较早的辫发史料是青海大通县出土的彩陶盆摹绘，图中描绘了15个跳舞的妇女，分为3组，每组5人。她们头部垂有发辫，携手踏歌。

| 彩陶盆摹绘　青海大通县出土 |

二、春秋战国至秦汉时期的女性发式

汉代皇宫中的女子日常一般梳高髻，平民女子一般梳椎髻，因与木椎形状相似而得名。《后汉书·逸民传》中记载了一则关于发髻的故事：东汉名士梁鸿和孟光成

| 秦末汉初女子椎髻发式 |

婚时，孟光穿衣华丽，头上却没梳椎髻，惹得梁鸿不高兴，婚后竟有七天没有答理孟光。孟光知道后便梳椎髻、穿布衣来见梁鸿，这才使梁鸿高兴起来。由此可见布衣、椎髻是女性贤良勤俭的外在标志。

1. 垂云髻

垂云髻这种发式是春秋战国至秦汉末年普遍流行的一种妇女发式，从披发、辫发演变而来。此发式头发向后梳，头发下垂，发式中部用帛缯绑系，尾部盘绕起来并结成银钱形状，还有用假发做装饰，在肩背做垂下样式。从战国至汉代出土的文物中都能看到这种古代发式，可见这种发式在当时深受贵族妇女和平民百姓的欢迎。这种发式既美丽大方，又便于女性梳理，深深地影响了以后女性发式的发展。

2.九鬟仙髻

据《中华古今注》记载："始皇诏后梳凌云髻，三妃梳望仙九鬟髻，九嫔梳参鸾髻。"九鬟仙髻在秦代贵族妇女中较为盛行。将头发套

成环状，以环数最多为最高贵。鬟中用假发做出各式套环，每鬟的顶端有细金属物支撑，且插饰珠宝等贵重装饰品。这种发式给人以高贵之美，但梳理起来较为复杂，当然，贵族妇女有专门帮助梳理头发的侍女。

3.坠马髻

坠马髻是对汉代妇女影响最大的一种发式，此发髻将头发拢结后束成偏侧或倒垂一边，这种发式像人从马上坠落的样子，故称"坠马髻"，又称"堕马髻"。此发式据说是一个叫孙寿的女子发明。据《后汉书》记载："寿色美而善为妖态，作愁眉，啼妆，堕马髻，折腰步，龋齿笑，以为媚惑。"这种发式在汉代风靡京城，许多妇女纷纷效仿，逐渐取代了

|坠马髻|

辫发习俗。唐代李贤在《后汉书注》一书中引用东汉应劭的《风俗通》一书中说："堕马髻者，侧在一边，始自梁冀家所为，京师翕然，皆放（仿）效之。"

西安任家坡西汉墓出土梳坠马髻的汉代妇女陶俑，湖北江陵凤舞山 168 号墓出土梳坠马髻的汉代妇女彩绘木俑，山东嘉祥汉墓出土梳坠马髻的汉代妇女陶俑。可见，坠马髻在当时很流行，但东汉以后梳这种发髻的妇女便已很少，至魏晋时已不再见到，唐代有一段时间恢复了坠马髻。

4. 高髻

高髻又称"大髻"，是汉代妇女中流行的发式之一，妇女以长发为美，头发长短、疏密、颜色、

汉代女子高髻插步摇发式

发式以及头发的装饰都是衡量妇女美貌的标准。当时有一首童谣："城中好高髻，四方高一尺"，说的是当时妇女喜欢梳高髻，这种发式给人美丽、富贵、华丽之感，又可修正脸型，增长身高，代表了当时妇女的审美追求。

春秋战国至秦汉时期

的发式还有缕鹿髻、项髻、瑶台髻、迎春髻、盘桓髻、同心髻等，发式高低不同，呈现一派丰富多彩的文化现象。

三、魏晋南北朝时期的女性发式

魏晋南北朝时期，高髻仍流行不衰。《宋书·五行志》中记载："宋文帝元嘉元年，民间妇人结发者，三分发，抽其鬟直向上，谓之'飞天紒'，始自东府，流被民庶。"飞天，足见发髻

［东晋］顾恺之《洛神赋图》中的灵蛇髻

之高。北周诗人庾信《春赋》诗中有一句："钗朵多而讶重，髻鬟高而畏风。"意思是头钗太多了，使人觉得沉重，发髻太高了，使人担心会被风吹倒。

这个时期，出现了许多前所未有的发式，魏有灵蛇髻、反绾髻、百花髻、涵姻髻等；晋有缬子髻、流苏髻、翠眉髻、惊鹤髻、芙蓉髻等；南朝宋有飞天髻等；梁有回心髻等；陈有凌云髻等。据《采兰杂志》记载："甄后既入魏宫，宫庭中有一条绿蛇，每日后梳妆则盘结一髻，形于后前，后异之，因效而为髻，故后髻每日不同，号为灵蛇髻。"东晋著名画家顾恺之绘的《洛神赋图》中的洛神就梳着灵蛇髻发型。还有一些发式的形状取自动

8

植物形态，如芭蕉髻、芙蓉髻、百合髻、盘友髻等。

1. 惊鹄髻

惊鹄髻即惊鹤髻，流行于魏晋南北朝时期，其形状为两扇羽翼形，像鹤鸟受到惊吓，展翅飞起的样子。甘肃天水麦积山的北魏壁画中的乐伎便梳的是惊鹤髻，到了唐代这种发式仍很流行。

2. 回鹘髻

这种发髻集束于顶，多被一顶桃形冠帽罩住，仅露出扎着红色绢带的发髻根部。甘肃安西榆林窟壁画上有一幅五代"回鹘国圣天公主曹夫人"画像，曹主人和侍女都梳着这种发髻。《新五代史·回鹘传》中记载："妇人总发为髻，高五六寸，以红绢囊之；既嫁，则加毡

唐代女子回鹘髻发式 河南洛阳关林出土唐三彩俑

帽。"这种流行于少数民族的女性发髻也影响了汉族妇女，并一直延续到唐代。

四、隋唐时期的女性发式

隋代的女性发式有八鬟髻、翻荷髻、坐愁髻、九复髻、侧髻等，唐代的女性发式丰富多彩，优美高雅，段成式的《髻鬟品》中介绍了唐代的各种发髻：倭堕髻、交心髻、高髻、低髻、凤髻、

小髻、螺髻、乌蛮髻、侧髻、惊鹄髻、半翻髻、椎髻、偏髻、花髻、拔丛髻、双髻、丛梳百叶髻、回鹘髻、归顺髻、乐伎髻、云髻、宝髻、宫女发髻、飞天髻、三角髻、玉环髻、簪花仕女髻、抛家髻、闹妇妆髻、乐游髻、愁来髻等近百种。

唐代诗人元稹《李娃行》："髻鬟峨峨高一尺，门前立地看春风"，唐代诗人刘禹锡《赠李司空妓》：

唐代乌蛮髻女子发式　西安鲜于庚出土唐三彩俑

"高髻云鬟宫样妆，春风一曲杜韦娘"，都是写女人的高髻发式。高髻不仅流行于都城，还散播至边远地区，《苗俗记闻》中记载苗族女性发式："妇人髻高一尺，婀娜及额，类叠而锐，倘所谓乌蛮耶。"这种发髻在当时叫作乌蛮髻。

1. 峨髻

峨髻是中晚唐流行的发

五代女子峨髻发式　江苏扬州出土木俑

式,这种发式朝上高耸,似陡峭的山峰。著名的《簪花仕女图》中就画有这种发髻。

2. 云髻

云髻是一种形状像云的发髻,唐代画家阎立本的《步辇图》中的九个宫女的发髻都呈云朵形状,甚至连额前的头发也是云朵形状。唐代歌舞伎女性也梳云髻发型。

3. 抛家髻

抛家髻以两鬓抱面,形状像椎髻,秀雅美观,当时称之为"抛家髻",唐宫廷中最流行这种发髻。清代孔尚任的《桃花扇》中记载:"重点檀唇胭脂腻,匆匆绾个抛家髻。"这种发式直到明清时代仍很流行。

4. 螺髻

螺髻原是儿童发式,形状像螺壳,晋崔豹《古今注·鱼虫》载:"童子结发,亦为螺髻,亦谓其形似螺壳。"唐代时,成年女性也梳这种发髻,武则天时期最盛行,据说螺髻源于释迦佛的发型。山西太原金胜村出土的唐墓壁画、陕西乾县乾陵永泰公主墓出土的石椁线刻及新疆吐鲁番阿斯塔那187号墓出土的绢画中可见女性的螺髻发式。

5. 半翻髻

半翻髻也称翻荷髻,从侧面看形状像翻卷的荷叶。梳发时,由下而上梳,到顶部突然翻转,并作出倾斜的样子,半翻髻在唐朝皇宫中非常流行。湖南长沙咸嘉湖唐墓出土的瓷器、江苏扬州城东林庄唐墓出土的陶俑都梳半翻髻。

6.三角髻

三角髻因发髻似三角，分于头部三处而得名。这种发髻一般将头发分为四组：前额为一髻；左右两侧各为一髻，垂于耳际；脑后的头发随便下垂。河南洛阳谷水唐墓所出土三彩女俑即为此发髻。

7.双环望仙髻

双环望仙髻是一种较高的双环形的发髻，看上去好像翘望仙人来临。这种发髻一般将头发分成两股，先在头顶两侧各扎一个结，然后将余发弯曲成环状，并将发梢儿编入耳后的头发里。少女多梳这种发式，据说唐玄宗很喜欢望仙髻。

8.飞天髻

飞天髻是古代妇女非常喜欢的一种发式，始见于汉代，因其绾发于头顶，呈飞天状，故有飞仙髻之称。据《炙毂子》记载："汉武帝时，王母降，诸仙髻皆异人间，帝令宫中效之，号'飞

唐代女子双环望仙髻发式 西安羊头镇唐李爽墓壁画

飞仙髻

仙髻'。"因其式样浪漫、奢华富丽而受唐代女性欢迎，流行时间较长。

唐代女子喜欢在头上簪花，还喜欢在额头上饰花钿，我们可以在唐代周昉的画作《簪花仕女图》中看到。

［唐］周昉《簪花仕女图》

五、宋辽金元时期的女性发式

宋代妇女继承晚唐五代遗风，也流行梳高髻。

1. 朝天髻

朝天髻起源于五代十国时期，《宋史·五行志·木》载："建隆初，蜀孟昶末年，妇女竞治发为高髻，号'朝天髻'。"这种发髻先将头发束于头顶，然后编两个圆柱形发髻，再将发髻朝前反搭伸向前额。在发髻中插入簪钗等物，显得发髻又高又美。南宋理宗时，皇宫中还流行一种高髻，叫"走不落"。

2. 同心髻

同心髻比朝天髻发式

｜唐代女子饰花钿 新疆吐鲁番出土的绢画｜

13

简单，先将头发绾至头顶，再编成一个圆形发髻即可。南宋诗人陆游《入蜀记》："（蜀中）未嫁者，率为同心髻，高二尺，插银钗至六只，后插大象牙梳，如手大。"蜀地即今天的四川，当地的少女大多梳高约 7 厘米的同心髻。

3. 鬟髻

鬟髻在两宋很受欢迎，黄庭坚有诗："晓镜新梳十二鬟"。河南白沙宋墓中

元代扎巾髻女子发式　山西洪洞应王殿壁画

有一种高髻配单鬟，像是从唐代圆环椎髻演变而来。少女们多梳双鬟、三鬟髻，《林下月明图》中有一位女子就是梳三鬟髻。

4. 双蟠髻

双蟠髻又名"龙蕊髻"，髻心特大，用双根扎以彩色之缯。

双蟠髻

5. 其他发式

宋代还流行"包髻"发式，做成发髻后，用绢、缯之类的布帛把发髻包裹起

来。还流行"盘福龙"髻，其发髻大又扁，不影响睡眠，因此又叫"便眠髻"。唐代的"双髻"在宋代也很流行，梳这种发髻的多为未出嫁的少女，宋代黄庭坚有诗"学绾双鬟年纪小"。芭蕉髻、不走落髻、大盘髻、小盘髻、三丫髻、流苏髻等发式也很流行。有的妇女用假发编成各式发髻，直接插戴在头上，因此当时城市中出现了专门制作、销售假发的店铺。

辽朝皇后喜欢梳百宝花髻，宫女多梳罗髻，老年女子梳皂纱笼髻。金代妇女崇尚素朴自然，多辫发盘髻，一般女子禁止在发髻上插珠翠钿钗等，元代妇女多喜欢梳椎髻发式。

六、明清时期的女性发式

明清时期女性发式多梳牡丹头、钵盂头、松髻、扁髻、实心髻、桃心髻、盘龙髻、叠髻、偏髻等。

1. 牡丹头

牡丹头形状像盛开的牡丹，先在苏州地区流行，后逐渐流行整个北方地区，有诗歌"闻道江南高一尺，六宫争学牡丹头"。《坚瓠集》

[明]陈洪绶《斢龙补衮图》中梳牡丹头的女性

15

中记载："吾苏（苏州）妇人梳头，有'牡丹''钵盂'之名，鬓有'闹花''如意'之号。"清李渔在《闲情偶寄》中也提到："窃怪今之所谓'牡丹头''荷花头''钵盂头'，种种新式，非不穷新极异，令人改观，然于当然应有，形色相类之义，则一无取焉。"这种发髻出现在绘画《缝衣图》中，清初刻本《秦月楼》的插图中也有梳牡丹头的妇女图像。

2. 桃心髻

桃心髻是当时比较流行的发式，将发髻梳成扁圆形，发髻顶部用花朵来装饰，后来又演变为用金银丝绾发结，并将发髻梳高，在发髻顶部装饰珠玉宝翠等。桃花髻还有许多相似变形发式，有桃尖顶髻、鹅胆心髻及仿汉代的坠马髻等。

3. 钵盂头

钵盂头始于清代，因其形状与钵盂很像而得名，清代《胤禛妃行乐图屏》中画有梳着钵盂头的嫔妃。

4. 松鬓扁髻

松鬓扁髻是明末清初

［清］杨晋《豪家佚乐图》中梳松鬓扁髻的女性

［清］《顾媚像》松鬓扁髻

汉族妇女流行的一种发式，"松鬓"包括两鬓和额发。清叶梦珠《阅世编》载："崇祯年间，始为松鬓扁髻，发际高卷，虚朗可数，临风栩栩，以为雅丽。"这种发式给人以高雅、庄重之感。清《山水人物图卷》及《顾媚像》中均画有梳松鬓扁髻的妇女像。

七、民国时期的女性发式

20世纪初，孙中山先生领导的辛亥革命，也掀起了"发式革命"。男子们带头剪辫，女子也开始剪短发，但很快又重新蓄发盘髻。五四运动以后，一些知识女性追求思想行为解放，"学生头"等短发流行。民国时期的女性发式有保守和革新之分。保守发式多为晚清遗留，革新发式则多受新思想影响出现。

民国时期剪短发的女学生

1. 两把头

两把头发式是满族贵族旗人妇女喜爱的发式，清朝灭亡后，此发式又流行了一段时间。此发式把头发束在头顶上，分成两绺，结成横长式的发髻，再将后面余发结成一个"燕尾"式的长扁髻，压在后脖领上，使脖颈挺直。

2. 空心髻

满族妇女将头发向上做成空心髻，高高地顶在头上。还有的在脑后低处绾成一髻，并将发髻扭成英文S形，有横S髻和竖S髻。其发型特点是清爽、纹丝不乱。

3. 盘髻和刘海儿

晚清的刘海儿样式一直延续到民国时期，刘海儿样式有一字式、垂丝式、燕尾式、卷帘式、满天星式等。一字式，长约7厘米，或盖在眉间，或遮住两眼。垂丝式，将头发分成两缕，修剪出燕尾状的尖角。满天星式，极短，远远看去似有似无。

4. 辫发

年轻女性或梳一条长辫垂于背后，或梳两条长辫子搭于胸前，有的辫长至腰，辫梢儿以头绳扎系。有的辫长稍微过肩膀，辫梢儿上系彩绸蝴蝶结。独辫扎彩绸蝴蝶结的，美称为"一枝独秀"，双辫扎彩绸蝴蝶结的美称为"两只蝴蝶"或"蝴蝶双飞"。

横、竖S髻发式

5. 短发

短发以一种简约、方便、利索的特点深受追求新思想的女学生欢迎。20世纪30年代的女学生几乎是清一色的齐耳短发，"女子年来尚自由，大家剪发应潮流。今年赴会知多少？不见金钗髻上留"等等，代表了新时期女性的形象。

6. 烫发

民国时期很多女子追求烫发，这是出于对欧美等西

| 民国时期的
烫发发式 |

方国家时尚的认同和崇尚。1922年，上海百乐理发店以女子烫发为主要服务项目。烫发是继短发之后女性发式的一大改革。烫发有长短、大小波浪或大小卷花之分，比较流行的是中长烫发。当时的著名影星胡蝶、阮玲玉等都梳这种发式。

7. 东洋头

受日本女性发式影响，许多留学日本和知识界的年轻女性流行梳一种"东洋髻"，模仿日本妇女发式。

梳东洋髻的女学生

八、新中国成立后的女性发式

新中国成立到上世纪70年代，女性发式以俭朴为最大特点。

1. "柯湘头"

1975年，随着样板戏《杜鹃山》的公开放映，剧中的"柯湘头"风靡大江南北。该发式为发梢儿略带卷曲的短发，额前留着细碎的刘海儿，兼具短发的干练和长发的飘逸。

2. "炊帚"头

年轻女孩将头发分到两边，用皮筋扎起来，因形状像炊帚，俗称"炊帚"头。

3. "刷子"头

当时还流行整齐的齐肩短辫，形状像刷子，俗称"刷子"头。

4. 双"麻花辫"

在上世纪50年代，"双麻花辫"是中国未婚女性的主流发式。女孩们爱把头发分成两束于头两侧，黑得发亮的麻花辫垂在身前，辫尾常常系上红绳或者漂亮的丝带。

新中国成立后30年间女性发式图

九、20世纪80年代的女性发式

1. 烫发

烫发在上世纪80年代重新流行起来，到上世纪90年代依然流行。夸张的爆炸式、风情的长波浪、清纯的离子烫，特别是飞扬的刘海儿"三尺头"，是该时期女性所追逐的流行发式。新娘妆中，也喜欢临时烫几缕"之"字形发绺，耷拉在眼前耳畔，增添几分妩媚。

2.长发

披肩长发也渐渐流行起来，其中有"半披散式"发型，如杨澜在主持中央电视台《正大综艺》节目时就梳半披散式发型，即将头顶前半部和两鬓的头发在头顶正中扎一个辫子，或在头顶两侧一边扎一个辫子，既干净利索，又突显青春气息。

古代京城往往是发式的流行源头，由城内传至城外，最后传至四方。白居易写过一首描写当时流行发式的诗歌，即说明了这种由京都而外散的影响力：

时世妆

——白居易

时世妆，时世妆，
出自城中传四方。
时世流行无远近，
腮不施朱面无粉。
乌膏注唇唇似泥，
双眉画作八字低。
妍媸黑白失本态，
妆成尽似含悲啼。
圆鬟无鬓椎髻样，
斜红不晕赭面状。
昔闻被发伊川中，
辛有见之知有戎。
元和妆梳君记取，
髻堆面赭非华风。

男性发式的历史

| 男性发式的历史 |

古代汉族男子的发式主要有几个不同年龄时段的区别：幼年、少年时期和成年时期及以后。

古代幼童将头发分作左右两半，在头顶各扎成一个结，形如两个羊角，故称"总角"，因此多用"总角"来指代人的幼年阶段。"总角之交"指幼年就相识的好朋友。一般八九岁至十三四岁的少年梳总角发型。

我国古代社会等级森严，阶级地位的高低往往决定人的尊卑贵贱。冠，上古时贵族男子所戴的帽子。古人蓄长发，用发笄绾住发髻后再用冠束住，据说早先的冠只有冠梁，冠梁不是很宽，有褶子，两端连在冠圈上，戴着的时候，冠梁就像一根弧形的带子从前到后覆到头上。冠圈两旁有缨，这是两根小丝带，可以在颔下打结。司马迁《屈原列传》中"新沐者必弹冠"的"冠"就是这种形制的。古代的冠不止一种，质料、颜色也不尽相同。秦汉以后，冠梁逐渐加宽，和冠圈连成覆杯的样子，冠的名目和形制也更加复杂化。清代魏学洢《核舟记》："船头坐三人，中峨冠而多髯者为东坡。"其实，峨冠博带是古代帝王、士大夫服饰的特点，皇帝的冠叫龙冠。

成年冠礼是中国古代汉族男性的成年礼，《礼记·曲礼上》说："男子二十冠而字。"古代男子20岁行冠礼，表示已长大成人，但体犹未壮，故称"弱冠"。成年礼（也叫成丁礼）由氏族长辈依据传统为青年人举行成年礼仪式，其中最重要的仪式就是为青年人加冠礼，只有加冠后，成年人才能获得家庭成员的承认，可以婚嫁，并拥有一定的社会地位，参与家族和社会事务。

按照《仪礼》中的说法，冠礼是要分成若干个不同节次的。首先是筮日，要在庙门的位置占卜适合行冠礼的日子。确定日子之后，要在行礼之前三天筮宾，也就是通过占卜确认应当由谁来主持为冠者戴冠。筮宾之后到行礼之前的几天还要去宿宾，就是去跟主持冠礼的来宾确定行礼的日期。在行礼那天天亮之前，要做好各种准备工作，天亮之后礼仪就要开始。准备工作包括准备三套不同的衣服：爵弁服、皮弁服、玄端，以对应冠者要戴的三种不同的帽子。家里的下人要捧着装帽子的盒子，站在屋外西墙根底下。宾来到主人门外之后，主人要出门迎宾，双方拜、揖之后，主人将宾引至庙门，每次转弯的时候，都要与宾相揖。到庙门以后，又有三揖，至庙堂的台阶处三让，这才将宾请至堂上。此时将冠者从房中出来，由辅助行礼的人员设席，将冠者在席上坐好，有人给将冠者打理好头发。宾至庭盥手，回来取缁布冠为冠者戴好，冠者回到房中，换上与缁布冠配套的玄端服，是为一加。以下分别换皮弁及皮弁服和爵弁及爵弁服，完成三加。三加完成之后，宾与冠者开始喝酒吃肉。冠者拿一块肉干去见他的母亲。见过母亲之后，冠者回到庭中，宾从堂上下来，给冠者起一个字。然后宾的任务就结束了，主人把宾送走，冠者则去见自己的各种亲戚。家里的事情都完成之后，冠者再换正式的衣服，去拜见诸侯国的国君以及本地的长官，表示我已经成年了，以后可以准备给我派差事了。

在古代，发巾是不能戴冠、也戴不起冠的卑贱之人所戴之物。庶人的包发巾是黑色或青色的，所以，在秦代称百姓为黔首（黔，黑色），汉称仆隶为苍头（苍，青色）。可见，巾是庶人卑贱的标志。后来，因为包发巾有压发定冠作用，贵族也戴，但巾上仍要戴冠。罗贯中《三国演义》的"群英会蒋干中计"中："干葛巾布袍，驾一只小舟，径到周瑜寨中。""葛巾"，葛布制的头巾。汉末发巾盛行，不仅蒋干这类文人使用，连周瑜、袁绍那些武将也戴巾，以显示文雅。苏轼《念奴娇·赤壁怀古》："羽扇纶巾，谈笑间，樯橹灰飞烟灭。"这里的"纶巾"是青丝帛的头巾，是周瑜所戴之物。苏轼《浣溪沙》中也有"簌簌衣巾落枣花"的诗句，可见直到宋代文人仍有戴巾的爱好。但我们根据他们的阶级地位可以推知文

| 殷商戴帽箍男子发式 |

| 殷商双丫角童发 |

| 西周双羿发式 |

人雅士的巾的颜色、质料、形制与庶人百姓的巾绝对不能等同，也绝对不会等同。

一、先秦时期的男性发式

从出土的人像来看，先秦时期男子大多都梳辫发，有从右后侧下方分成三缕，编成细辫，然后盘绕于头顶，再在头上加冠帽；也有将头发束于头顶，再编成小辫，后垂至脑后。从商代青铜兵器、礼器及玉片雕刻等也可看到一些断发齐颈的人像，还有一些披发人像。

二、秦汉时期的男性发式

汉族成年男子的发式基本上是梳髻，然后或戴冠、或束巾。有的将发髻梳于头

顶，有的梳低平发髻，贴于
脑后。这种男子发式一直延
续到明代，除了少数民族政
权执政者强迫汉族男子改换
发式（元代、清代）外，男
子发式基本保持不变。发髻
不变，变的是冠帽样式与制
度，如周时将冠罩在发髻上；
秦与西汉则在冠下加带与冠
缨相连，系于颌下；东汉时
多以巾帻包头，然后加冠。
"士冠，庶人巾"，秦朝时，
士阶层才能戴冠，庶人只能
裹巾，到了汉朝，裹巾成为
上下通用的一种发饰。

西周披发式

秦代武士图

汉代文人

三、魏晋南北朝隋唐时期的男性发式

　　魏晋南北朝时期，男子
发式没有多大改变，仍是束
发髻，裹冠巾。只是有些男
子不受世俗礼俗限制，行为

自由不羁，有披发的形象，东晋砖刻画《竹林七贤与荣启期》中的荣启期便以披发形象呈现，沂南汉墓石刻之仓颉人物图像、邓县画像砖墓砖浮雕之浮邱公及南山四皓的人物图像均为披发的形象。还有些男子梳着年轻女子的丫髻发型，与男子错乱的胡须搭配在一起，算是当时的奇装异服。

隋唐五代的男子发式仍是束发髻，外裹冠巾，当时比较常见的巾帽是幞头纱帽。在中国服装史上，幞头的产生意义重大。丘濬《大学衍义补》胡寅注云："古者，宾、祭、丧、燕、戎事，冠各有宜。纱幞既行，诸冠尽废。稽之法象，果何所则？求之意义，果何所据？"的确，起初作为一种轻便的裹头之物而流行开来的幞头，因其方便实用，逐渐得到流行。《梦溪笔谈》卷一说："本朝幞头有直脚、局脚、交脚、朝天、顺风，凡五等，唯直脚贵贱通服之。"《东京梦华录》卷三："占定两廊，皆诸寺师姑卖绣作、领抹、花朵珠翠头面、生色销金花样幞头帽子、特髻冠子、绦线之类。""七月十五日中元节，先数日，市井卖冥器靴鞋、幞头帽子、金犀假带、五彩衣服。"吴自牧《梦粱录》卷十三："箍桶、修鞋、修幞头帽子、补修鹿冠、接梳儿……时时有盘街者，便可唤之。"在宋代，幞头成为重要的帽子。在明代，官吏的幞头脚比宋代减短变阔。因为它外施漆纱，所以也叫纱帽，但不可与南北朝和隋唐的纱帽相混淆。黄一正《事物绀珠》说："国朝堂帽象唐巾，制用硬盔，铁线为硬展脚。列职朝堂之上乃敢用，俗直曰纱帽。"明朝郎瑛《七修类稿》卷二三说："今之纱帽……谓之堂帽，对私小而言，非唐帽也。"明代的纱帽虽与唐代的纱帽完全不同，却是唐代幞头的发展，且由于外表涂黑漆，所以有"乌纱帽"之称。

如图所示：

1. 平头幞头，唐贞观十六年独孤开远墓出土俑

2. 硬脚幞头，唐开元二年李贤墓石椁线雕

3. 前踣式幞头，唐开元二年戴令言墓出土俑

4. 圆头幞头，唐天宝三年豆卢建墓出土俑

5. 长脚幞头，莫高窟130窟盛唐壁画

6. 衬尖巾子的幞头，唐建中三年曹景林墓出土

7. 翘脚幞头，敦煌石室所出唐咸通五年绢本佛画上的供养人

8. 翘脚幞头，莫高窟144窟五代壁画上的供养人

9. 宋式展脚幞头，宋哲宗像

10. 明式乌纱帽，于谦像

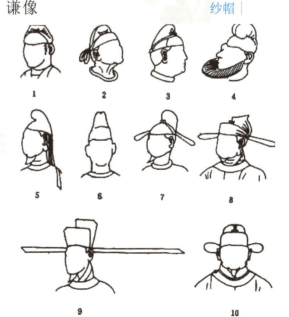

各式幞头或乌纱帽

所图所示：

1. 白沙宋墓壁画上的局脚幞头

2. 宣化辽墓壁画上的交脚幞头

3. 开化寺宋代壁画上朝天幞头

4. 唐韦洞墓壁画上的顺风幞头

5. 焦作金邹墓画像石上的幞头脚呈卷云状

6. 焦作老万庄元墓壁画上的凤翅幞头

7. 巩县宋永熙陵石雕控马人所戴幞头

| 各式幞头或乌纱帽（2） |

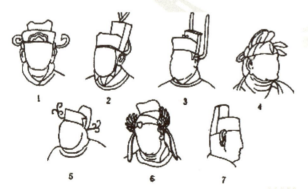

四、宋辽金元时期的男性发式

宋代妇女、乐伎等常在发髻间插花或戴花冠，男子也喜欢在赏花饮酒时，在头上插花，如南宋周辉《清波杂志》卷三中记载宋时男子在赏牡丹饮酒时，常"折花歌以插之"。苏轼在《吉祥寺赏牡丹》中记有"人老簪花不自羞，花应羞上老人头"，记载了男子簪花的习俗。男子簪花还是一种礼仪制度，《宋史·舆服志》载："幞头簪花谓之簪戴。中兴、郊祀、明堂祀毕回銮，臣僚及扈从并簪花，恭谢日亦如之。"几乎所有的祭祀、帝王盛宴、立春朝贺等重要节庆和礼仪场合，都要簪花。甚至在庆典或仪式过程中或礼仪结束后，皇帝常赏赐簪花让官员戴回家。尽管不同礼仪场合，簪戴人的身份和地位不同，但不论尊卑，男子都有簪花机会，甚至连民间也有簪花的风尚。杨万里曾有诗句记录了男子簪花的盛况："春色何须羯鼓催，君王元日领春回。牡丹芍药蔷薇朵，都向千官帽上开。"节日庆典及仪式上的赐花与簪花，增添了节日的喜庆与祥和。宋代男子簪花的风俗，成为宋代男子发式上的一抹亮色。现代人头上插草也许是宋代簪花风俗的遗留。

辽人本属契丹族，出于对汉族地区统治的需要，辽代统治者"以国制治契丹，以汉制待汉人"（《辽史·百官志一》），对契丹人和汉人实行不同的治理方法，对汉人和契丹人的衣帽服饰要求也是如此。北宋沈括在《熙宁使虏图抄》中记载："其人剪发，妥其两髦"，剪发即髡发，也就是剃去头上大部分的头发，只保留两鬓的

《四相簪花图》

现代戴草发式

垂发。髡发习俗与草原游牧民族的生活环境有很大关系，草原生活流动性很强，风沙大，水源少，洗头不方便，大部分头发剃去，只保留少部分头发，干净利落，也利于清洗。除了契丹族，其他北方游牧民族，包括女真族、蒙古族等都是剃去一部分头发。库伦旗辽墓壁画中的契丹男子剃去头顶和脑后头发，耳畔垂发，还有一些是额部余少量头发，有些也一同剃去。契丹男子头部两侧大多下垂散发，也有少数结辫现象，如契丹画家胡瓌的名画《卓歇图》中有些人将额侧余发编成两个辫子垂于肩部者。

女真族男子发式是秃头辫发，即剃掉头顶前额的头发，脑后留头发并梳成左右两条辫子。如河南焦作西冯封村金墓出土的砖俑中头梳双辫的男俑有九个多，有的头梳双辫垂于胸前，有的前顶剃光，后脑两侧长辫垂肩至肘关节处，有的额前剪发，双辫垂于肩下，有的前额分别梳着双髻，头上梳着双辫垂于脑后。甚至在佛像中，菩萨也是垂双辫。

元代蒙古族男子发式，据《蒙鞑备录》记载："上至成吉思汗，下及国人，皆剃'婆焦'，如中国小儿留三搭头，在囟门者稍长则剪之；在两下者总小角，垂于肩上。"郑所南著《心史·大义略叙》载："鞑主剃三搭，辫发。三搭者，环剃去顶上一弯头发，留当前发，剪短散垂；却析两旁发，垂绾两髻，悬加左右肩衣袄上，曰

'不浪儿'。言左右垂髻，碍于回视，不能狼顾。或合辫为一，直拖垂衣背。"即留前面和两侧的头发，其余的都剃去，两侧的头发梳发辫并绾成辫环状，环数可以一个，也可以多个。如元代帝王像中，太祖成吉思汗绾成一环，元世祖、成宗、仁宗等绾成三四环。

编一个发辫垂在身后也是元代流行的发式之一。在内蒙古土默特右旗境内大青山麓的美岱召寺中的壁画上有四个脑后垂一独辫的男子，在元刻本陈元靓的《事林广记》的插图中、羊群庙元代石雕人像及陕西宝鸡元墓出土的武士俑中都可见梳独辫的男子发式。元代末期，蒙古族人中双辫已少见，独辫发式比较常见，而且前额

头发到明代时已经逐渐消失。元代男子发式比较多样，清代吴铎《净发须知》中有关于理发店对男子发式及理发行业用语的记载："按大元体制，世图故变，别有数名，还有一答头、二答头、三答头、一字额、大开门、花钵椒、大圆额、小圆额、

银锭、打索绾角儿、打辫绾角儿、三川钵浪、七川钵浪、川著练槌儿。还那个打头，那个打底；花钵椒打头，七川钵浪打底；大开门打头，三川钵浪打底；小圆额打头，打索绾角儿打底；银锭样儿打头，打辫儿打底；一字额打头，练槌儿打底。"记载中很多都是当时理发行业的行话，不容易明白。但钵椒就是上述"婆焦"，钵浪即"不浪儿"音译，打辫儿则是上面所说的"合辫为一"。

五、明清时期的男性发式

我们从影视剧及绘画作品中，看到清代男子基本上都是背后拖着一条大辫子，这也成为清代男子的经典形象。清代满族人的前身是女真族，女真族男子的发式是剃掉前面的头发，多梳双辫，而到了清朝时，双辫变为一条大辫了。

清代男子发式也经历了激烈的辫发斗争，尤其汉族男子对满俗的发式衣着装束经历了反抗、斗争及逐渐接受的过程。明代遗臣金之俊提出"十从十不从"的改革建议，其中有"男从女不从"，即汉族男子必须遵从满人装束，汉族妇女则可保持原样式不变。经历了康熙、雍正、乾隆、嘉庆几朝后，汉人对于辫发之俗已渐渐接受。清代中叶以后，汉人普遍习惯于"五天一打辫，十天一剃头"。

尽管都是剃头结辫，但辫发的样式和束辫的穗子也有不同。辫子样式分官辫子和土辫子两种，官辫子通俗地说就是多由朝廷的大小官员，多为文官、饱读诗书的儒生雅士、文人墨客等文雅人士所喜好，官辫子又叫"文派辫子"。头上的辫根留发，年轻人留得多些，老年人留得少些。所留头发结成发辫，不松不紧地编结起来，一般辫梢儿长及臀部，有些在辫顶四周留短发，有的不留。在编好发辫后，讲究的还要戴上官帽或瓜皮小帽，辫顶不要露在帽外，也不要把帽子撑起来。土辫子则多是一些不务正业的"花花公子"或地痞流氓梳这种辫子，因此这种辫子也叫"匪派辫子"。"匪派辫子"又分为文、武两派，都透着些匪气，武派土辫子匪气更重。

清代男子辫梢儿束辫子

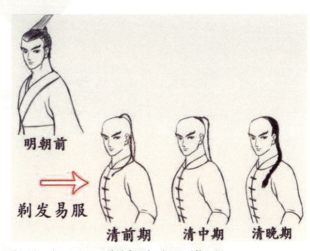

的辫穗以红黑颜色为主，辫穗呈流苏状垂下。满族八旗子弟还用金、银、珠宝等物品装饰辫梢儿，随辫摆动。

清代男子发式演变

六、民国时期的男性发式

1911 年辛亥革命，不仅结束了延续了两千多年的封建帝制，也终结了清代男子头上的那根长辫。其实早在清朝戊戌变法时，改良派的康有为就曾对清朝的光绪皇帝上书，主张剪掉男人头上的发辫，改换衣冠。他指出留辫子不讲卫生，容易生虱子，而且在机器工业生产时，辫子易被卷入机器而发生伤亡事故，但这个建议并没有得到采纳。后来，辛亥革命，彻底改变了中国的历史现状，也使男人的发式发生了天翻地覆的变化。

不过正如清朝推行发辫经历了激烈的反抗一样，剪去发辫也经历了一番曲折。民国政府发布剪辫命令后，老北京曾流传着"袁世凯瞎胡闹，一街和尚没有庙"（选自顾颉刚《北平歌谣续集》），称剪掉发辫的男人为和尚。还有人将大辫子盘在头上，然后戴上帽子加以掩盖。为了推行剪发，民国政府派巡警在一些城门、路口等地巡逻，发现有未剪辫子的，便强行给他们剪去。而这些给别人强制剪辫的巡警常常在黑夜遭到反抗者的报复。民国政府曾设菜饭粥茶棚，将未剪发辫者拽进去，强行剪去发辫，并向剪辫者道贺："您剪发维新了，大吉大利！请您棚里用饭吧！"有的人拒不剪辫，有的人因剪掉辫子而边吃饭边哭，还有的人要求将剪掉的辫子捡回去，留着死后陪葬。后来清朝末代皇帝溥仪在英文老师庄士敦的劝诱下也剪掉了辫子，这使北京城里的很多人主动剪掉了辫子。还有的个别老人，虽然剪掉辫子，却保留了头顶的辫顶，从后面看过去非常难看。

剪掉辫子的民国男子发式也呈现多样性，主要有以下几种：

1.光头

光头讲究剃得越亮越好，后来出现了"洋推子"后，又分剃光、推光两种。

2.寸头

寸头也叫"平头"，指在头顶上留有几厘米长的头发，四周往下越来越短。

寸头发式

3.分头

分头即将头发从前面分成左右两部分，有中分和偏分。中分即从中间分开，偏分有左偏、右偏。分头一律以头蜡定型，涂抹油脂，头油光发亮，有"小分头儿，四两油儿"之说。

民国时期的分头发式

4.背头

背头是将头发通通往后梳，留个大背头，背头也要涂油打蜡。

民国时期的背头发式

中分发式被视为汉奸，头发长且蓬乱被视为流氓，背头且涂油抹脂的发式是国民党高级军官或资本家的代表发式。普通百姓为了照相临时梳个背头，照完后便恢复原形。当时青年男子流行梳偏分头，头发上不抹油也不修饰。也有的青年喜欢四分之一的侧面是寸头，四分之三的正面是长发，这种发型又叫"博士头"，这种发式不用梳，用手一拨就行，"拨"与"博"谐音。

5.分背头

分背头既将头发梳分，然后再向后梳成背头，涂脂抹蜡定型，头发光亮，额前用吹风机吹出个向前凸起的大卷。

七、新中国成立后的男性发式

新中国成立后男子的发式发生了许多变化，以前

改革开放后，男子发式变化不大，基本上是以分头或平头为主，也有一些男青年模仿港台明星的发式，后来受到日流、韩流影响，许多男子发式效仿韩国、日本的偶像明星。

梳妆盒子与头饰

| 梳妆盒子与头饰 |

一、梳妆盒子

梳妆盒子是女人的心爱之物，在过去，女人都有个"木梳盒子"，里面装着木梳、篦子、簪子、钗子，还有耳坠儿、手镯等。盒子多为木质，有的描画，有的雕刻，有的简陋，有的精致。

梳妆盒，古代也叫"脂粉奁"，是古代深居闺房的女子用来涂脂抹粉及照镜梳妆的生活家具，盒内有梳妆镜、大小数量不等的抽屉等构造，里面放着镜子、梳子、脂粉、头饰、珠宝等。中国古代的梳妆盒有着悠久的文化历史，梳妆盒的材质和样式多种多样，做工装饰非常精美，功能性很强，用料考究，梳妆盒既是一种生活收纳物品，又具实用性和艺术欣赏性。在西周时期，就出现了女子用来盛放梳妆用品的盒子。西周至秦汉时期，梳妆盒多由铜器和陶器制成，一般器腹较深，底部有三足支撑，旁边有动物衔含耳环，风格比较简朴。

汉代利苍夫人辛追使用

| 梳妆盒子 |

的圆形漆盒、江苏邗江出土的汉代九子方漆奁，外面黑色，里面红色，周围有三道鎏金铜箍，盖子是铜皮平脱的内框和柿蒂纹，里面放着丝织物包裹的铁镜，铁镜下面有九个小盒，分别放着梳篦、铜刷、毛笔、胭脂、首饰等用品，精美绝伦，技术高超，体现了古代工匠卓越的设计才能。

梳妆盒在魏晋南北朝时期逐渐演化，东晋书法家顾恺之在《女史箴图卷》中画着两个正在梳妆的女子，身边有四个梳妆盒，旁边还有一个形状像蜡台的镜架，铜镜插挂在架顶上。

河南郑州宋墓的壁画中发现宋代镜台，宋代《魏武杂物疏》中记载："镜奁之大者，镜台出魏宫中。"《法书要录》亦载："卫恒书如插花美女，舞笑镜台。"可见镜台在宋代已经很普遍了。现存于苏州博物馆的一个纯

双层九子奁马王堆一号墓出土

银镜架，是元末吴王张士诚为母亲曹太妃制作的，镜架上有龙须、凤翼、雀羽、兔毫、花心、叶脉，细得像头发丝，技术极为高超。

明清时期梳妆盒款式多样，有镜台、镜架、镜箱、镜袋、官皮箱等多种功能，做工也更加精细，所用材料也更加优质，甚至用紫檀、黄花梨等名贵木材来制作，雕刻的花纹图案多样，镶嵌鎏金、包铜、缀玉，集梳妆、储藏、照镜等多个功能，成为闺阁女性的终日伴侣。古代的梳妆箱不是皮制，多是木制。

梳妆盒一般绘有吉祥富贵图案，有花卉、文字、如意、人物等，题材多为百子、才子佳人、花卉博古等。梳妆盒成为研究古代女性装束、手工技艺、园林艺术、绘画等方面的重要历史资料。

二、各类假发与头饰

1. 假发髻

假发是女性常用之物，古代以假发制成的发髻多种多样，有些假发是别人剪下的头发，有些是黑色丝绒制成的。在流行高髻的朝代，假发的使用非常普遍，为使发髻高耸，发髻中常戴饰物。古代不仅发髻名目繁多，衬髻的饰物也很多。出土文物中常见一些造型别致的头饰，就是用来支撑和点缀发髻的饰物。

我们常说"巾帼不让须眉""巾帼英雄"，用"巾帼"指女性，其实巾帼也是一种假髻，是古代的头帽和发饰，宽大似冠，内衬金属丝套或用削薄的竹木片扎成各种新奇式样，外面用黑色缯帛或彩色长巾，使用时直接戴在头顶，再用簪钗绾发。巾帼的种类及颜色多样，有用细长的马尾制作的叫"剪氅帼"；用黑中透红颜色制作的叫"绀缯帼"。先秦时，男女都能戴帼，用作首饰。到了汉代，才成为妇女专用。《三国演义》有著名的一段情节：诸葛亮出斜谷向司马懿挑战，但后者避而不出，诸葛亮便用激将法，派人给司马懿送去了"巾帼妇女之饰"，以示羞辱，逼司马懿出来应战。

明清时期的女性戴假发的特别多，已婚女子大多都戴假发。店铺里常有现成的假髻出售，如罗汉髻、双飞燕、懒梳头、八面观音等，其中著名的是狄髻。狄髻在元代时指发髻，也指假

插戴全套金头面的狄髻妇人形象

发，到了明朝，则发展成包裹在发髻外的包裹物。佩戴不同式样的狄髻是一种身份象征。普通人家妇女只能戴头发狄髻，大户人家的妻妾可以戴银丝狄髻，官宦人家的正室夫人可以戴"金丝狄髻"。"金丝狄髻"也叫"金冠""金丝梁冠"，是狄髻中最昂贵的。品官命妇和内命妇均戴特髻——一种形制规格更高级的狄髻。《明宪宗元宵行乐图》中嫔妃所戴即为特髻。明清时期由于商人阶层崛起，改变了士农工商严格的礼仪等级划分，严格的衣冠服饰制度被破坏，奢侈之风盛行。女性狄髻不再用身份象征的金银丝编

金丝狄髻

制，而用乌纱为材质来制作狄髻，可以随意插戴珠翠。

2. 头饰

早在东汉时即有头饰，如四川宝相瓦西沟东汉墓出土的一件铁制头饰，以两股铁条合并弯制而成，外用细铁丝缠绕，呈独脚钗状。

唐代的"环钗"，唐代诗人元稹有诗《离思》："自爱残妆晓镜中，环钗漫篸绿丝丛。"广州皇帝岗唐墓出土的一件环钗，以银制成，

全套狄髻头面和插戴全套头面的狄髻

47

发鼓

表面鎏金，中部为叶形薄片，叶的两端延伸出一长条，尾端又分支成两股，全器变曲成椭圆形。

假髻也是重要的头饰，唐代天宝末年，京师有首童谣："义髻抛河里，黄裙还未流"，即指杨贵妃常以假髻为首饰，并且喜欢穿黄裙。

明代妇女还喜欢一种叫"发鼓"的头饰，顾起元《客座赘语》载："今留都妇女之饰，在首者翟冠七品命妇服之，古谓之副，又曰'步摇'。其常服戴于发者，或以金银丝，或马尾，或以纱帽之。有冠，有丫髻，有云髻，俗或曰'假髻'。制始于汉晋之大手髻，郑玄之所谓'假紒'，唐人之所谓'义髻'也。以铁丝织为圜，外编以发，高视髻之半，罩于髻，而以簪绾之，名曰'鼓'。"有的发鼓用银丝编成，四周留有插簪的小孔数个，外面用头发盖着。

头发的清洁和护理

| 头发的清洁和护理 |

发式是人类自然属性的特征，也是社会阶层与地位的标志之一。古人结婚时，在帮新娘梳头发时，要说三句话："一梳，梳到尾；二梳，白发齐眉；三梳，梳到儿孙满地。"而在现代，发式的打理已成为民众日常生活内容的一部分，因此人们很看重头发的清洁和护理。

头发护理与发式历来是女子非常重视的方面，据说清代的慈禧太后特别爱护她的头发，有一次太监李莲英给她洗头发，慈禧太后发现脸盆里掉了几根头发，就非常生气，扬手打翻了脸盆，并让人把李莲英打了四十大板。后来，李莲英派人到处寻找护理头发的良方，经太医李德裕精心筛选并会同诸太医，制成了止痒、护发、养发、固发于一体的"香发散"。中国的中医书中也有不少关于护发的良方。

古代男女基本都留长发，无论是洗头还是护发都比较复杂。虽然古代没有现代便捷又多样的洗发水和护发产品，但是古人仍然用他们自己的方式来洗发和护发。

"沐"指洗头发，后来指官员休假，即"休沐"。《说文解字》："沐，濯发也。"东汉王充《论衡·讥日篇》：

51

"且沐者，去首垢也，洗去足垢，盥去手垢，浴去身垢，皆去一形之垢，其实等也。"《史记·屈原贾生列传》："新沐者必弹冠，新浴者必振衣。"因此沐有沐发、沐浴、沐濯、沐芳、沐巾、沐盆、栉风沐雨等词语。

商周时期定期沐浴已经成为重要的礼仪风俗，秦汉时期，形成三日一洗头，五日一沐浴的习惯。洗头既清洁头发，又预防头皮问题。《礼记》要求晚辈要五天烧

｜"沐"的小篆体｜

一次温水为父母洗澡，三天烧一次温水为父母洗头。祭礼祖先和神灵及其他重要的仪式场合，人们都要沐浴更衣，既表示洁净虔诚，也显示对仪式的尊重。

《礼记·玉藻》中详细描写了贵族大夫的洗发雅情："日五盥，沐稷而靧粱，栉用樿栉，发晞用象栉，进禨进羞，工乃升歌。"即用稷谷之类的潘汁洗头发，用高粱之类的潘汁洗脸。用木制的梳子剔垢，待头发干了之后再用象牙制的梳子细细通理。洗沐完毕喝杯小酒，乐工们升堂以琴瑟而歌。《史记·外戚世家》记载：汉文帝的皇后窦氏年少时家里很贫穷，年幼的弟弟被人贩子买去，与弟弟分别时，窦氏向邻居家借来淘米水为弟弟

洗头，既给弟弟洁净头发，又表达了姐弟情深。

除了淘米水，汉代赵飞燕姐妹用沐膏洗头洗澡。还有用芝麻叶浸水洗头，如明朝郭晟《家塾事亲》记："脂麻叶，汤浸涎出，妇人用梳头沐发去虱。"脂麻叶即芝麻叶，有洗发和保养之效，既可使头发洁净，也可使头发乌黑润泽。还可用桑白皮，桑白皮即桑树的干燥根皮，煮水煎汤后洗发，对防治脱发、头皮屑有一定功效。

《红楼梦》里芳官想用鸡蛋清、花露油洗头，袭人"便起身至那屋里取了一瓶花露油并些鸡卵、香皂、头绳之类，叫一个婆子来送给芳官去，叫他另要水自洗，不要吵闹了。"此外大户人家用猪苓，平民百姓用皂角。

用"木槿叶"洗头

1. 新鲜干净的木槿叶剪碎

2. 用纱布松松地包好，放入温水中用力揉搓，会产生细腻丰富的泡沫。

3. 就像洗发水一样，直接用来洗头就好啦！

|木槿叶|

韩国和中国一些地区端午节时喜用菖蒲艾草煮水洗头，既可净发，又有杀菌解毒作用，有利于治疗皮肤瘙痒等症状。江浙、湖南一带的女孩在七夕节时还用桃枝和木槿叶煎水洗头。湖南《攸县志》记载："七月七日，妇女采柏叶、桃枝，煎汤沐发。"可见，在古代，人们已经懂得将植物经过处理，可以用来洗头发。

职业梳发人员

| 职业梳发人员 |

一、丫鬟

自古至今，美发一直是女人日常生活中必备的内容。古代的平民百姓，甚至小家碧玉基本上都是自己梳理头发，而深居闺阁的贵家太太和大小姐们，则由丫鬟服侍。在顾恺之所绘的《女史箴图》中，一位妇人对镜而坐，一个丫鬟站在妇人身后，为其梳理长发，这是最早描绘古代妇女治容的图画。

"丫鬟"，多指婢女。丫鬟一词最早指女子的发式，该发式是将发辫梳成圆环状，在头顶左右各一个，像树枝丫形，因为年轻的婢女多梳这种丫髻发式，所以称她们为"丫鬟"或"丫头"。宋

《女史箴图》
顾恺之

代女童多梳"双丫髻"或"三丫髻",南宋苏汉臣的《冬日戏婴图》中的一个女孩梳的就是三丫髻,插三只短金钗,系红罗头须,上垂珠串。出土的古代文物中也有"丫鬟"发式的出现,如扬州北郊扬庙乡唐代墓葬出土的做舞蹈动作的陶俑女子,年龄在十二三岁,头上就梳着"丫"字形的两个发髻。南宋苏汉臣的《秋庭戏婴图》和《冬日戏婴图》中绾双髻、三髻发式皆是宋代小女孩常梳的发式。

丫鬟在古代社会中的地位比较低。秦汉时期,统治者就对各个社会阶层在服饰原料和颜色上有明确规定:"庶民为黑,车夫为红,丧服为白,轿夫为黄,厨人为绿,官奴、农人为青","天下见其服而知其贵贱","非其人不得其服"。丫鬟多穿青衣,因此"青衣"常常作为丫鬟的代名词。这个青衣与戏曲中的青衣角色有所不同,戏曲中的青衣是旦行里的一种。戏曲舞台上塑造了很多敢作敢为的丫鬟形象,如《红娘》(红娘)、《春草闯堂》(春草)、《卖水》(梅英)、《花田错》(春兰)等,丫鬟成为剧中的耀眼角色,对整个剧情发展起着重要作用,她们聪明伶俐、机智活泼、天真烂漫,又有一定的反抗与自由精神,既是

"丫髻"发式陶俑

小姐的贴身丫鬟，又最了解小姐心事，为小姐出谋划策。小姐们成功追求幸福自由的爱情，很大程度上得力于这些丫鬟们的帮助。

二、插戴婆

"插戴婆"是专为一些富家小姐穿戴衣服、梳理发式的职业人员。尤其待嫁的新娘要梳新娘发髻，要求鬓角齐整、额上见棱见角、额鬓发际的长汗毛、细虚发等都要求细致地处理，因此每逢结婚喜事，多是请"插戴婆"来做这些，她们以此为业，是最初的美容师和美发师。她们经常出入豪门大户的闺阁，见识广，能说会道，社会经验丰富。这一职业源自明代苏州的插戴婆，明人田艺蘅《留青日札》卷二《绣花插带瞎先生》一则里说："插带婆者，富贵大家妇女，赴人筵席，金玉珠翠首饰甚多，自不能簪妆，则专雇此辈。颜色间杂，四面匀匀。一首之大，几如合抱。即一插带，顷刻费银二三钱。及上轿之时，几不能入帘舆也。"《竹枝词》赞道："喜娘带剃面，第一嘴灵便。看见老爷太太笑眯眯，请安恭喜将钱骗。有时剃面不操刀，只将布线拔毫毛。手轻赢得闺人喜，毛面开光白更娇。"

　　明清时期，上层妇女头顶上的装饰（当时称作头面）日渐繁复，在出门时要将大量的插戴物品（包括簪、钗、挑心、钿、箍等）装饰在头上，这个过程对一般人来说非常困难，因此逐渐产生了专门帮忙作插戴工作的"插戴婆"。

烟画《插戴婆》

「结发」夫妻

| "结发" 夫妻 |

黑发即青丝，与"情丝"谐音，头发对女人来说特别重要，因此，当女人送男人一束头发，便是表达她对男人的情意。古代女子断发有两种情况：一是因为某种原因不能和那个男人在一起，代表诀别；另一种是表达爱，表示此生非君不嫁的意思，说明她对这个男人非常信赖。未婚女子这样做就是要以身相许；已婚女人离别之际送夫君秀发就是让夫君借物相思、永不相忘。

| 成人礼 |

"结发"也指青年男女"始成人也，谓男年二十，女年十五，时取笄冠为义也"。男子行冠礼，把头发盘成发髻，谓之"结发"，然后再戴上帽子（冠）。古代女子长到十五岁，古时称为"及笄之年"。行"笄礼"标志着女子十五岁成年。"笄"本义指用来盘头发或插住帽子用的簪子，男女到了成人年龄，就可以结婚成家了。

古代婚姻习俗中有将男女头发相结成为"结发夫妻"之俗。中国人用"结发夫妻"来形容缔结婚姻关系的夫妻身份，是一种象征夫妻结合的仪式。

洞房诸礼中属于结婚正礼范畴内的一道重头戏是"合髻"，也称作"结发"，其象征意义就是夫妻和睦，永结同心。"结发"的具体操作方式历代不同。先秦、秦汉时的"结发"就是新郎亲手解去新娘在娘家时所结的许婚之缨，即系头发的彩带，重新梳理头发后再为之系上。隋唐以后的"结发"，是男女双方各剪下少许头发，绾成"合髻"，一般都是马上交给新娘保存起来。唐代女诗人晁采的《子夜歌》云："侬既剪云鬟，郎亦分丝发。觅问无人处，绾作同心结"，正是这一做法的描述。世人常用"结发""合髻"作为夫妻结合的代称，甚至特指为"原配"（亦称"元配"）夫妇，表示夫妻间互敬互爱的意义重大。

新婚洞房中，火红色的"同心结"即是古代同心发结的延伸，"结"字取其坚固、结伴、结合之意。在古代，新婚洞房里妻子头上盘着的发髻，她自己不能随便解开，要等待自己的新婚夫婿来解。《仪礼·土昏礼》中记载："主人入室，亲脱妇之缨。"

据说，汉代举行葬礼仪式还有这样一个风俗，如果结发妻因故早折，做丈夫的就会把他们结婚时用的梳子掰开分为两半，一半自己留存，另外一半随葬入棺，以表示生生不忘结发之妻，纪念结发之情。在《玉台新咏·古诗为焦仲卿妻作》里写有："结发同枕席，黄泉共为友。"即刚成年时，我们就结成同床共枕的恩爱夫妻，并希望同生共死直到黄泉也相伴，表达了焦仲卿夫

妻二人爱情颇浓。

现在许多歌咏爱情的歌曲，也用"咏发"来表达爱情经历和感情生活，如台湾歌手林慧萍唱的《结发一辈子》："总心烦我和你常摩擦的情感，像风中理不清被

吹乱的发；总是由着你改变自己的模样，长发也好，短发也好，你喜欢就好；为什么我们还有那么多无谓的理由可争吵，你忘了许诺你会疼我直到老；我爱你，结发就是一辈子，不放手不回头，情盟约定就一世；我爱你，结发就是一辈子，我是如此看待我们的爱情……"香港歌手梁咏琪用一首《短发》歌唱出了对伤心爱情的挣扎与了断："我已剪短我的发，剪断了牵挂，剪一地不被爱的分叉，长长短短，短短长长，一寸一寸在挣扎。我已剪短我的发，剪断了惩罚，剪一地伤透我的尴尬，反反复复，清清楚楚，一刀两断。"

发与诗

发与诗

中国古典文学中有许多描写妇女晨妆、敷粉、点唇、描眉、画眼、梳髻、理鬓的作品。古诗中咏发诗亦层出不穷，诗人借头发抒发夫妻恩爱之情、离别之痛，丝丝发缕包含着诗人的浓浓情意。

菩萨蛮
——温庭筠

小山重叠金明灭，
鬓云欲度香腮雪。
懒起画蛾眉，
弄妆梳洗迟。
照花前后镜，
花面交相映。
新帖绣罗襦，
双双金鹧鸪。

译文：

眉妆漫染，叠盖了部分额黄，鬓边发丝飘过，洁白的香腮似雪。懒得起来，画一画蛾眉，整一整衣裳，梳洗打扮，慢吞吞，意迟迟。

照一照新插的花朵，照了前镜，又照了后镜，红花与容颜，交相辉映，刚穿上的绫罗裙襦，绣着一双双的金鹧鸪。

月夜
——杜甫

今夜鄜州月，
闺中只独看，
遥怜小儿女，
未解忆长安。
香雾云鬟湿，

清辉玉臂寒。

何时倚虚幌，

双照泪痕干。

译文：

今夜鄜州的月亮一定很清圆，遥想闺中妻子，只能独自观赏。

可怜幼小的儿女，怎懂思念的心酸？

蒙蒙雾气，或许沾湿了妻子的鬓发，冷冷月光，该是映寒了妻子的玉臂。

何时才能团圆相见，倚靠薄帷共赏明月，就让月光默默照干我们的泪痕。

留别妻（节选）

——苏武

结发为夫妻，

恩爱两不疑。

欢娱在今夕，

嬿婉及良时。

征夫怀远路，

起视夜何其？

参辰皆已没，

去去从此辞。

行役在战场，

相见未有期。

译文：

和你结发成为夫妻，就定要与你恩爱到老。

和你相爱缠绵陶醉在今夜幸福的时刻，多么美好的时光。

可是明天我就要为国远行，不得不起来看看是什么时候了。

当星辰隐没在天边时，我就不得不与你辞别了。

因为要去战场，这一走不知道什么时候才能与你团聚。

图书在版编目（CIP）数据

发式 / 董德英著 ；萧放本辑主编. -- 哈尔滨 ：黑龙江少年儿童出版社，2020.9（2021.8 重印）

（记住乡愁 ：留给孩子们的中国民俗文化 / 刘魁立主编. 第七辑，民间礼俗辑）

ISBN 978-7-5319-6551-0

Ⅰ. ①发… Ⅱ. ①董… ②萧… Ⅲ. ①发型一风俗习惯一中国 Ⅳ. ①K892.23

中国版本图书馆CIP数据核字(2020)第181361号

记住乡愁——留给孩子们的中国民俗文化　　　　刘魁立◎主编

第七辑 民间礼俗辑　　　　萧 放◎本辑主编

发式 FASHI　　　　董德英◎著

出 版 人：商 亮
项目策划：张立新. 刘伟波
项目统筹：华 汉
责任编辑：于 淼
整体设计：文思天纵
责任印制：李 妍 王 刚
出版发行：黑龙江少年儿童出版社
　　　　　（黑龙江省哈尔滨市南岗区宜庆小区8号楼 150090）
网　　址：www.lsbook.com.cn
经　　销：全国新华书店
印　　装：北京一鑫印务有限责任公司
开　　本：787 mm×1092 mm 1/16
印　　张：5
字　　数：50千
书　　号：ISBN 978-7-5319-6551-0
版　　次：2020年9月第1版
印　　次：2021年8月第2次印刷
定　　价：35.00元